5348
B

Ye   8782

EPISTOLA
CLARISSIMI VIRI
NICOLAI
BOILEAU DESPREAUX
DE
AMORE DIVINO,
CONVERSA E GALLICO IN LATINUM.

Authore BENIGNO GRENAN,
PROFESSORE HUMANITATIS
in Collegio Harcuriano.

PARISIIS,
E Typographia C. L. THIBOUST,
è regione Collegii Regii.

M. DCC. VI.

EPISTRE
DE MONSIEUR
BOILEAU DESPREAUX
SUR L'AMOUR DE DIEU,
A MONSIEUR L'ABBÉ
RENAUDOT.

Octe Abbé, tu dis vray, l'Homme au crime attaché
En vain, sans aimer Dieu, croit sortir du peché.

Toutefois, n'en déplaise aux transports frenetiques
Du fougueux Moine * auteur des troubles Germani-
Des tourmens de l'Enfer la salutaire Peur   [ques,
N'est pas toûjours l'effet d'une noire vapeur,
Qui de remords sans fruit agitant le Coupable,
Aux yeux de Dieu le rende encor plus haïssable.
Cette utile frayeur propre à nous penetrer,
Vient souvent de la Grace en nous preste d'entrer,
Qui veut dans nostre cœur se rendre la plus forte,
Et pour se faire ouvrir, déja frappe à la porte.

Si le Pecheur poussé de ce saint mouvement,
Reconnoissant son crime, aspire au Sacrement,

* Lu-
ther.

EPISTOLA
CLARISSIMI VIRI
NIC. BOILEAU DESPREAUX
DE AMORE DIVINO,
E GALLICO IN LATINUM CONVERSA.

Sic est: è vitiis nequicquam emergere tentas,
Ni caleat sacri scintillâ pectus amoris!
Sed quidvis blateret tamen, atque effutiat ille
Per quem sacrilego exarsit Germania bello;
Supplicii metus æterni, terrorque salubris
Si quando nos corripiat, non protinus illum
Injiciunt cerebro exorti fervente vapores,
Queis mens exstimulata, atrisque exercita curis
Nil nisi læsam acuat metuendi numinis iram.
Illo sæpe metu nos pungit Gratia, molles
Cùm sibi vult munire aditus, turbataque sensim
Corda expugnare, ac hostem detrudere victrix.

Namque ubi quis stimulo vitiorum pressus acerbo,
Ut ruit ad fontem cervus, sic ipse medelam

EPISTOLA XII.

Vulneribus quærens ad sancta piacula anhelat;
Haud mora: quæ totam obvelabant nubila mentem
Deterget nova lux, timor evanescit, eumque
Pellit amor qualis natum decet, incola pectus
Illustrat, refovetque fides: sic nempe suprema
Artibus ad se homines variis Sapientia tollit,
Confossum propriis sic dæmona proterit armis.

  Sin verò graviter peccato affixus, averna
Dum riget ad pœnæ aspectum, cælestia gustu
Nil sapit obtuso, largitoremque bonorum,
Cujus amore intus flagrare ac debeat uri,
Hunc velut importunum oditque timetque tirannum;
Nequicquam turpi mentem formidine victus
Cuncta Sacerdotis secretam obgannit in aurem
Crimina; tormentis addictus, ut ante, paratis
Toto incurvatur scelerum sub pondere servus.
Ecquid enim vitæ mutatio profit iniqua,
Ni recoquat divinus amor, penitusque refingat
Pectora? quantumvis contra crepet improbus error,
Indulget veniam Deus uni lenis amanti,
Huic totum se se Deus uni prodigit; illum
Sæpe metus quæsivit, amor sed repperit unus.

EPISTRE XII.

Souvent Dieu tout à coup d'un vrai zele l'enflâme,
Le Saint Esprit revient habiter dans son ame,
Y convertit enfin les tenebres en jour,
Et la crainte servile en filial Amour.
C'est ainsi que souvent la Sagesse suprême
Pour chasser le Démon se sert du Démon même.
 Mais lors qu'en sa malice un Pécheur obstiné,
Des horreurs de l'Enfer vainement étonné,
Loin d'aimer humble Fils son veritable Pere,
Craint & regarde Dieu comme un Tyran severe,
Aux biens qu'il nous promet ne trouve aucun appas,
Et souhaite en son cœur que ce Dieu ne soit pas;
En vain la peur sur luy remportant la victoire
Aux piés d'un Prestre il court décharger sa mémoire,
Vil Esclave toûjours sous le joug du peché,
Au Démon qu'il redoute il demeure attaché.
L'Amour essentiel à nostre penitence
Doit estre l'heureux fruit de nostre repentance.
Non, quoique l'Ignorance enseigne sur ce poinct,
Dieu ne fait jamais grace à qui ne l'aime point.
A le chercher la Peur nous dispose, & nous aide:
Mais il ne vient jamais que l'Amour ne succede.

EPISTRE XII.

Cessez de m'opposer vos discours imposteurs,
Confesseurs insensez, ignorans Seducteurs,
Qui pleins des vains propos que l'Erreur vous debite,
Vous figurez qu'en vous un pouvoir sans limite
Justifie à coup seûr tout Pécheur alarmé,
Et que sans aimer Dieu l'on peut en estre aimé.
   Quoy donc, cher RENAUDOT, un Chrétien effroyable
Qui jamais servant Dieu, n'eut d'objet que le Diable,
Pourra marchant toûjours dans des sentiers maudits,
Par des formalitez gagner le Paradis ;
Et parmi les Elûs dans la Gloire éternelle,
Pour quelques Sacremens reçûs sans aucun zele,
Dieu fera voir aux yeux des Saints épouvantez
Son Ennemi mortel assis à ses costez ?
Peut-on se figurer de si folles chimeres ?
On voit pourtant, on voit des Docteurs même austeres,
Qui les semant par tout s'en vont pieusement
De toute pieté sapper le fondement ;
Qui, le cœur infecté d'erreurs si criminelles,
Se disent hautement les purs, les vrais Fideles ;

EPISTOLA XII.

Hinc procul insana Impietas, procul hinc quoque vani
Ite Sacerdotes, qui decretoria verba
Cùm dixistis, ei, quem formido anxia turbat,
Abstersas penitus sordes, labemque malorum
Creditis exemptam; ceu vobis summa potestas
Sit data, qua nullis teneatur finibus exlex;
Quique Deum nil curat, amari possit ab illo.

Ergóne laxatis qui, ni pavor obstet, habenis
Irruat in vitii genus omne, & prapete cursu
Prosiliat, quem sola Erebi terrentis imago
Qualemcumque Deo cultum persolvere cogit,
Si certas obiit leges sine amore, metuque
Instigante, Dei licet hostis, in atria quondam
Aligerum admissus, trepidi novus hospes olympi
Inter coelicolas divinâ luce fruetur?
Et figmenta animis cujusquam illudere possunt
Portentosa adeo! multos tamen undique cernas
Nescio quâ specie inductos pietatis & umbrâ,
Talia qui spargendo alacres deliria ubique,
Omnia virtutum, eheu! firmamenta revellant.
Si contra mutire velis, numenque tueri,
Christiadam te degenerem, ac in adultera lapsum

A iiij

EPISTOLA XII.

Dogmata decantant late, si creditur ipsis
Mendosum ut doctrina sonat tua, sic quoque mores.
Quid docti interea sanique? effundit amaros
Pars bona clam fletus, & jussa silentia servat:
Cætera pars blæso vix verum immurmurat ore.
Usque adeo vincunt larvati dæmonis artes!
Sed sileant alii; reliquis animosior ibo,
Ibo ego, & insanos mordaci voce magistros
Compellare audax: fatalem abrumpite somnum,
Et caligantes oculos recludite tandem,
Clamabo, miseri. Nam quanto rectius illud
Et satius fuerit, si nullum agnoscitis usquam
Qui mare, qui terras, qui numine compleat astra:
Quàm si, cuncta manu fabricata potente fatentes,
Artificem tantorum operum, qui temperat unus
Omnia, & imperio sapiens regit arbiter æquo,
Rite coli sine amore, & flecti posse putatis.
Talis rellígio, vera tam decolor ipsi
Decedit sophia quam olim ratio extudit una:
Et malim insistens vestigia docta Platonum
Authorem nescire boni quod persequar ardens;
Quàm si cognorim, justum vectigal amoris
Abnuere, & fidei sic vanum extinguere lumen.

EPISTRE XII.

Traitant d'abord d'Impie, & d'Heretique affreux
Quiconque ose pour Dieu se déclarer contre Eux.
De leur audace en vain les vrais Chrétiens gemissent:
Prests à la repousser les plus hardis mollissent,
Et voyant contre Dieu le Diable accredité,
N'osent qu'en bégayant prêcher la verité.
Mollirons-nous aussi ? Non, sans peur, sur ta trace,
Docte Abbé, de ce pas j'iray leur dire en face :
Ouvrez les yeux enfin, Aveugles dangereux.
Oüi, je vous le soûtiens : Il seroit moins affreux,
De ne point reconnoistre un Dieu maistre du monde,
Et qui regle à son gré le Ciel, la Terre, & l'Onde ;
Qu'en avoüant qu'il est, & qu'il sçeut tout former,
D'oser dire, qu'on peut luy plaire sans l'aimer.
Un si bas, si honteux, si faux Christianisme
Ne vaut pas des Platons l'éclairé Paganisme ;
Et cherir les vrais biens, sans en sçavoir l'Auteur,
Vaut mieux, que sans l'aimer connoistre un Createur.

Expliquons nous pourtant. Par cette ardeur si
 sainte
Que je veux qu'en un cœur amene enfin la Crainte,
Je n'entens pas ici ce doux saisissement,
Ces transports pleins de joye, & de ravissement,
Qui font des Bienheureux la juste recompense,
Et qu'un cœur rarement gouste ici par avance.
Dans nous l'Amour de Dieu fécond en saints desirs,
N'y produit pas toûjours de sensibles plaisirs;
Souvent le cœur qui l'a ne le sçait pas lui-même.
Tel craint de n'aimer pas qui sincérement aime,
Et tel croit au contraire estre brûlant d'ardeur,
Qui n'eût jamais pour Dieu que glace & que froideur.

C'est ainsi quelquefois qu'un indolent Mystique,
Au milieu des pechés tranquille Fanatique
Du plus parfait Amour pense avoir l'heureux don,
Et croit posseder Dieu dans les bras du Démon.

Voulez-vous donc sçavoir, si la Foy dans vôtre ame
Allume les ardeurs d'une sincere flamme?
Consultés vous vous-mesme. A ses regles soûmis

EPISTOLA XII.

Rem tamen explano, ne quem malè scrupulus urat.
Non etenim ardoris sacri nos esse putandum est
Effœtos ideo & steriles, quòd gaudia mentem
Non plene totam afficiant cœlestia, & extra
Se veluti rapiant, & amico flumine inundent.
Ista superfundens sese, satiansque voluptas
Secretos à labe homines, & ad æthera vectos,
Rarò præcipitur dum in terris degimus: ardor
Nempe sacer dulci non semper inebriat æstu
Lætitiæ correptam animam; quin pectora sæpe
Occupat ignotus purgata & amantia fallit.

Qui ne divino non flagret amore veretur,
Sæpe flagrat; flammis verò cœlestibus uri
Qui tumidus fidit, lethali frigore torpet.
Sic scelerum turpi in cœno dum lentus & hærens
Mysticus in vitiis toto se corpore versat,
Tranquillam stolidè securus dormit in aurem,
Infusumque Dei gremio se credit amico.

Quare age, si certis cupias cognoscere signis
Num sincera fides sanctum cordi implicet ignem;
Tecum habita paulùm, ac in te descende, severos

EPISTOLA XII.

Circumfer quocumque oculos: te læsit iniquus,
Et damnum insonti inflixit grave, parcere gaudes,
Nec regeris damnum: sensus sub ahenea mittis
Captivos juga, & omni seditione coërces:
Nemo eget indignus te divite: denique vivis
Momenta exactam pietatis ad omnia vitam:
I, liquido fac sis animo, est sacra flamma medullas.
Qui nihil à recto declinat tramite legis
Intus nutrit eum, Dominus quem poscit, amorem.
Ne te igitur moveant fastidia vana, nec aspris
Callibus avertant; eadem fastidia justos
Dum terras colerent, atque idem torsit amaror.
Macte animo, & virtute; manet te magna laboris
Ipse Deus merces: quærenti pervius ultro
Se se aperit. Vacuo si pectore abire videtur,
Strenuus hunc revocato, piâque reflectito vitâ.
Sed cave ne accedas falsis, ventose, magistris,
Deceptasque putes, quidvis turba occinat amens,
Verba Sacerdotis, præscripta piacla, vel ipsum
Posse Deum nos è divino exsolvere amore.

   At cùm tanta sacro ardori vis gratiaque insit,
Ut solus rapidâ nos possit ad æthera pennâ

EPISTRE XII.

Pardonnés-vous sans peine à tous vos Ennemis ?
Combattés-vous vos sens ? Domtés-vous vos foi-
   blesses ?
Dieu dans le Pauvre est-il l'objet de vos largesses ?
Enfin dans tous ses points pratiqués-vous sa loy ?
Oüi, dites-vous. Allés, vous l'aimés, croyés-moy.
Qui fait exactement ce que ma Loy commande
A pour moy, dit ce Dieu, *l'Amour que je demande.*
Faites-le donc, & seûrs, qu'il nous veut sauver tous,
Ne vous allarmés point pour quelques vains dégouts
Qu'en sa ferveur souvent la plus sainte ame éprouve;
Marchés, courés à luy. Qui le cherche le trouve,
Et plus de vostre cœur il paroist s'écarter,
Plus par vos actions songés à l'arrester.
Mais ne soûtenés point cet horrible blasphême,
Qu'un Sacrement receû, qu'un Prestre, que Dieu
   même,
Quoique vos faux Docteurs osent vous avancer,
De l'Amour qu'on luy doit puissent vous dispenser.
   Mais s'il faut qu'avant tout dans une ame Chré-
      tienne,
Diront ces grands Docteurs, l'Amour de Dieu sur-
   vienne :

A vij

Puisque ce seul Amour suffit pour nous sauver,
Dequoy le Sacrement viendra-t-il nous laver ?
Sa vertu n'est donc plus qu'une vertu frivole ?
O le bel argument digne de leur Ecole !
Quoy dans l'Amour divin en nos cœurs allumé
Le vœu du Sacrement n'est-il pas renfermé ?
Un Payen converti, qui croit un Dieu suprême,
Peut-il estre Chrestien qu'il n'aspire au Baptême ;
Ni le Chrestien en pleurs estre vrayment touché,
Qu'il ne veüille à l'Eglise avoüer son péché ?
Du funeste esclavage où le Démon nous traisne
C'est le Sacrement seul qui peut rompre la chaisne.
Aussi l'Amour d'abord y court avidement :
Mais luy mesme il en est l'ame, & le fondement.
Lors qu'un Pécheur émeû d'une humble repentance
Par les degrés prescrits court à la Penitence,
S'il n'y peut parvenir, Dieu sçait les supposer.
Le seul Amour manquant ne peut point s'excuser.

EPISTOLA XII.

Tollere, concretasque omnino extergere sordes,
Pectoribus nostris si tandem insederit, ecquâ
Labe sacramentum nos eximet? illius ergò
Torpet iners sine vi, clamant, sine robore virtus.
O magna ambages, & inextricabilis error!
Fare age, divini simul ac concepimus ignis
Stricturam, quid amor, nisi sancta piacula quærit?
Exuta impietate Deo se mancipat uni
Ethnicus, & vana execratur numina, frustra est;
Ni cupiat sacris inspergi fontibus, unde
Mente nitens, vestique emergat concolor albâ.
Christiadam impura jamdudum inolescere sordi
Pœnitet: at mores nequicquam ejurat iniquos,
Ni cupiat medicis male hiantia vulnera sacris
Detegere, antiquumque suo scelus ore fateri.
Denique tartareâ nos extricare catenâ
Sola sacramenti virtus valet: huc amor ergo
Fertur, amans votis obstantia rumpere claustra.
Sin tamen obfuerit sors dura, aditumque negarit,
Unus amor justi placabit numinis iram,
Unus iter nobis ad sanctas molliet arces.
Sed fac defuerit, fac corde amor exulet unus,

EPISTOLA XII.

Cætera luxuriant: jam spes sine robore languet
Frivola, nil pietas illustris, & ardua virtus,
Nil sincera fides, nil cuncta piacula prosunt.

 Verùm age ne possis quidquam amplius hiscere contra
Quisquis es, adversum quem feci dicere, doctor,
Audire, atque togam jubeo componere. Quando
Ut nos criminibus solvat, concepta Sacerdos
Dixit verba, sacrum rediit ne in pectora flamen?
Si rediit, secum ardorem ardens intulit igneum:
Si nondum rediit, stygius de pectore necdum
Cessit prædo, & ovans antiqua in sede triumphat.
Et dubitabis adhuc, nisi corde revixerit ardor
Divinus, vitiis velut injectâ obrutus undâ,
Nos frustra sudare, & votis præripere astra?
Quis locus effugio est? nam doctor futilis erras,
Si sacri augusto commendes nomine amoris
Torpentes agitata anima vanosque tumultus,
Tartarei quos supplicii metus excitat acer.
Longè alia est sacri natura ardoris, & ortum
Deducens cœlo nobis ignem afflat eundem,
Lætitiam quamvis sæpe haud infundat eandem,
Quo superi æthereis depasti in sedibus ardent.

EPISTRE XII.

C'est par luy que dans nous la Grace fructifie,
C'est luy qui nous ranime, & qui nous vivifie.
Pour nous rejoindre à Dieu luy seul est le lien ;
Et sans luy, Foy, Vertus, Sacremens, tout n'est rien.

A ces Discours pressans que sçauroit on répondre ?
Mais approchés ; Je veux encor mieux vous confondre,
Docteurs. Dites-moi donc. Quand nous sommes ab-
  sous,
Le Saint Esprit est-il, ou n'est il pas en nous ?
S'il est en nous ; peut-il n'estant qu'Amour luy-même
Ne nous échauffer point de son Amour suprême ?
Et s'il n'est pas en nous, Sathan toûjours vainqueur
Ne demeure-t-il pas maistre de nostre cœur ?
Avoüez donc qu'il faut qu'en nous l'Amour renaisse,
Et n'allés point, pour fuir la raison qui vous presse,
Donner le nom d'Amour au trouble inanimé
Qu'au cœur d'un Criminel la peur seule a formé.
L'ardeur qui justifie, & que Dieu nous envoye,
Quoi qu'ici bas souvent inquiete, & sans joye,
Est pourtant cette ardeur, ce mesme feu d'amour
Dont brûle un Bienheureux en l'éternel Séjour.
Dans le fatal instant qui borne nostre vie

EPISTRE XII.

Il faut que de ce feu noſtre ame ſoit remplie ;

Et Dieu ſourd à nos cris, s'il ne l'y trouve pas,

Ne l'y rallume plus aprés noſtre trépas.

Rendés-vous donc enfin à ces clairs ſyllogiſmes,

Et ne pretendés plus par vos confus ſophiſmes,

Pouvoir encore aux yeux du Fidele éclairé

Cacher l'Amour de Dieu dans l'Ecole égaré.

Apprenés que la Gloire, où le Ciel nous appelle,

Un jour des vrais Enfans doit couronner le zele,

Et non les froids remords d'un Eſclave craintif,

Où crût voir Abely * quelque Amour negatif.

* Miſerable défenſeur de la fauſſe Attrition.

Mais quoy ? J'entens déja plus d'un fier Scolaſtique

Qui me voyant icy ſur ce ton dogmatique,

En vers audacieux traiter ces poincts ſacrés,

Curieux me demande, où j'ay pris mes degrés !

Et ſi, pour m'éclairer ſur ces ſombres matieres,

Deux cens Auteurs extraits m'ont preſté leurs lumieres.

Non. Mais pour decider, que l'Homme, qu'un Chrétien

Eſt obligé d'aimer l'unique Auteur du bien,

EPISTOLA XII.

Nos infelices! si cùm seduxerit arctis
Pallida mors animam vinclis, frigebimus, eheu!
Illius expertes flammæ atque ardoris inanes.
Tum frustra fuerit seram clamore gementi
Poscere opem: neque enim Deus ultra ignoscere lenis
Quam non reppererit, succendet pectore flammam.
Vos igitur quicumque sacrum impugnatis amorem,
Expulsumque procul summo ablegatis olympo
Unde venit, nunc vestra aliò convertite tela,
Nec pretiosum adeo terris subducite donum.
Gloria quæ vestit mentes æterna beatas,
Gloria quam petimus, quò nos Deus evocat, illa
Non servili emitur cultu, indignoque timore,
Sed, puri ardoris pretium, venalis amore est.

   Dum loquor hæc autem clamoso pulvere crassi
Doctores circumsistunt, vultuque minaci,
Elatoque supercilio timidum acriter urgent,
Infensique rogant, quæ me schola vellere docto
Præcinctum ingentes adscripserit inter alumnos,
Ut versu audaci includam obscurissima vates
Dogmata: num mihi sint alto defixa cerebro
Olim quæ scripsit solers Gamachius, atque

EPISTOLA XII.

Morum Isambertus rubrica exacta piorum?
Hac ego me fateor labris primoribus unquam
Ne libasse quidem: sed multa volumina quorsum est
Tandem opus evolvisse, ac exemplaria centum
Nocturnâ trivisse manu, trivisse diurnâ?
Ite sacros replicate libros: ibi pagina quæque
Nos jubet huic effusum impendere cordis amorem,
Qui nos è nihilo exclusos nutritque fovetque,
Et cruce dependens ferali extraxit ab orco.
Hanc tàmen, ô superi! dictatam à numine legem,
Ceu spurium dogma, infernâque palude profectum
Non dubitant male sani homines proscribere, & audent
Virtutum ex albo divinum eradere amorem.

Si quemvis doctorem adeam illo de grege, & istis
Votibus appellem; mihi dicas, ô bone, sodes,
Filius an patrem complecti debet amore?
Ah? quæso bona verba! quis id neget impius, amens?
In dubium revocare nefas. si protinus addam;
Communem ergò Patrem qui largâ munera dextrâ
In genus humanum spargit, redamare tenemur:
Æstuat incertus, balbutit & hæsitat anceps,
Remque liquere satis negat, ut decernere possit.

EPISTRE XII.

Le Dieu qui le nourrit, le Dieu qui le fit naiftre,
Qui nous vint par fa mort donner un fecond eftre,
Faut-il avoir receu le bonnet Doctoral,
Avoir extrait Gamache, Ifambert, & Du Val?
Dieu dans fon Livre faint, fans chercher d'autre Ou-
vrage;
Ne l'a-t-il pas écrit lui-même à chaque page?
De vains Docteurs encore, ô prodige honteux!
Oferont nous en faire un problême douteux!
Viendront traiter d'erreur digne de l'anathême
L'indifpenfable Loy d'aimer Dieu pour luy-mefme;
Et par un dogme faux dans nos jours enfanté,
Des devoirs du Chreftien rayer la Charité!

Si j'allois confulter chés Eux le moins fevere,
Et luy difois : Un Fils doit-il aimer fon Pere?
Ah! peut-on en douter, diroit-il brufquement.
Et quand je leur demande en ce mefme moment:
L'Homme ouvrage d'un Dieu feul bon, & feul aima-
ble,
Doit-il aimer ce Dieu fon Pere veritable?
Leur plus rigide Auteur n'ofe le décider,
Et craint en l'affirmant de fe trop hazarder.

EPISTRE XII.

Je ne m'en puis defendre ; il faut que je t'eſcrive
La figure bizarre & pourtant aſſés vive,
Que je ſçûs l'autre jour employer dans ſon lieu,
Et qui déconcerta ces Ennemis de Dieu.
Au ſujet d'un Écrit, qu'on nous venoit de lire,
Un d'entre-Eux m'inſulta, ſur ce que j'oſay dire,
Qu'il faut, pour eſtre abſous d'un crime confeſſé,
Avoir pour Dieu du moins un Amour commencé.
Ce dogme, me dit-il, eſt un pur Calviniſme.
O Ciel ! me voilà donc dans l'erreur, dans le ſchiſme,
Et partant reprouvé. Mais, pourſuivis-je alors,
Quand Dieu viendra juger les Vivans, & les Morts,
Et des humbles Agneaux, objet de ſa tendreſſe,
Séparera des Boucs la troupe pechereſſe,
A tous il nous dira, ſevere ou gracieux,
Ce qui nous fit impurs ou juſtes à ſes yeux.
Selon vous donc, à moy reprouvé, bouc infame,
Va brûler, dira-t-il, en l'éternelle flamme,
Malheureux, qui ſoûtins que l'Homme deût m'aimer,
Et qui ſur ce ſujet, trop prompt à déclamer,
Prétendis qu'il falloit, pour fléchir ma juſtice,
Que le Pécheur touché de l'horreur de ſon vice,
De quelque ardeur pour moi ſentiſt les mouvemens,

EPISTOLA XII.

Accipe, quisquis ades, nostra hac qui carmina volvis,
Accipe quo nuper telo illos numinis hostes
Contuderim: sacri cùm jacta fuisset amoris
Mentio, dixissemque aboleri crimina nunquam,
Protulerit quamvis verba imperiosa Sacerdos,
Divinæ igniculo flamma nisi corda calescant:
Istius ecce notæ doctor consurgit, &, ohe,
Calvinistam, inquit, redoles; te dogmata produnt.
Me Calvinistam! exclamo; quò me abstulit error!
Conclamatum igitur de me est, & funditus actum.
At quando attonitas invectus nube per auras
Lance Deus pia facta hominum & vitiosa librabit,
Hircorumque gregem castis seponet ab agnis,
Tum sua dispensans cum pœnis præmia, causam
Supplicii nobis referet causamque salutis.
In me ergo petulantem hircum, nisi desipis augur,
Flammiferos volvens oculos sic ore tonabit.
I miser, æternis jam nunc cruciabere pœnis
Qui puro voluisti homines mihi amore litarent;
Urere: me quoties non exorabile numen
Humanis pinxisti oculis, nisi crimina nota
Impius horreret, sacroque caleret ab igne;

EPISTOLA XII.

Nec mihi particulam dedignaretur amoris
Impertiri aliquam, stygiâ nunc urere flammâ.
Hac, ais, irato Deus in me proferet ore.
Dein placido vultu, positoque furore benignus,
Te charum verbis compellans lenibus agnum,
Huc ades, ô reliquos inter dilecte, meoque,
Inquiet, affixus lateri secura potire
Gaudia. Consilii tu verba sacrata tenebris
Callidus interpres densis, & nocte salubri
Involvens, duro exolvisti munere gentem
Humanam, ardoris sacri infensissimus hostis.
Nunc pete sidereas arces, ut munere eodem
Aligerum exolvas turbam, insolitoque magistro
Calicolæ edocti desuescant numen amare.
Talia si fari posset Deus, hæc ego contra.
O utinam dictis vita haud foret absona nostris,
Et quem lingua tibi, cor persolvisset amorem!

At tu deliciæ cælique stupenda voluptas,
Ut mentem attonitam subitus percelleret horror,
Cùm dira exciperes sacra præconia linguæ,
Blanditiasque jocis, & amaro felle madentes,

EPISTRE XII.

Et gardaſt le premier de mes commandemens.
Dieu, ſi je vous en croy, me tiendra ce langage.
Mais à vous, tendre Agneau, ſon plus cher heritage,
Orthodoxe Ennemi d'un dogme ſi blaſmé,
Venez, vous dira-t-il, Venez mon Bien-aimé :
Vous, qui dans les détours de vos raiſons ſubtiles
Embarraſſant les mots d'un des plus ſaints Conciles,
Avez délivré l'Homme, O l'utile Docteur !
De l'importun fardeau d'aimer ſon Createur.
Entrez au Ciel, Venez, comblé de mes loüanges,
Du beſoin d'aimer Dieu deſabuſer les Anges.
A de tels mots, ſi Dieu pouvoit les prononcer,
Pour moi je répondrois, je croy, ſans l'offenſer :
O ! que pour vous mon cœur moins dur & moins fa-
  rouche,
Seigneur; n'a-t-il, helas ! parlé comme ma bouche ?
Ce ſeroit ma réponſe à ce Dieu fulminant.
Mais vous de ſes douceurs objet fort ſurprenant,
Je ne ſçai pas comment ferme en voſtre Doctrine,
Des ironiques mots de ſa bouche divine,
Vous pouriez ſans rougeur, & ſans confuſion,
Soûtenir l'amertume, & la dériſion.

EPISTRE XII.

L'audace du Docteur par ce discours frappée,
Demeura sans réplique à ma Prosopopée.
Il sortit tout à coup, & murmurant tout bas
Quelques termes d'aigreur que je n'entendis pas,
S'en alla chez Binsfeld ou chez Basile Ponce, *
Sur l'heure à mes raisons chercher une réponse.

* *Deux Défenseurs de a fausse Attrition.*

FIN.

EPISTOLA XII.

Hæsit ad hæc mutus doctor, dein murmura labris
Nescio qua rodens, ad nota volumina præceps
Advolat, unde sibi varia argumenta pararet
Queis me cum sacro mox debellaret amore.

FINIS.

www.ingramcontent.com/pod-product-compliance
Lightning Source LLC
Chambersburg PA
CBHW060703050426

42451CB00010B/1253